AF247659

NOTICE

SUR

LA VIE ET LA MORT

DE

Berthe-Julie-Clémentine BOULAY

ENFANT DE MARIE

Décédée à Angers, le 27 mars 1868.

————

ANGERS

E. BARASSÉ, LIBRAIRE-ÉDITEUR

IMPRIMEUR DE MONSEIGNEUR L'ÉVÊQUE ET DU CLERGÉ

Rue Saint-Laud, 83.

—

1871

NOTICE

SUR

LA VIE ET LA MORT

DE

Berthe-Julie-Clémentine BOULAY

ENFANT DE MARIE

Décédée à Angers, le 27 mars 1868.

ANGERS

E. BARASSÉ, LIBRAIRE-ÉDITEUR

IMPRIMEUR DE MONSEIGNEUR L'ÉVÊQUE ET DU CLERGÉ

Rue Saint-Laud, 83.

—

1871

AUX ENFANTS DE MARIE

DE

Sainte-Ursule d'Angers

C'est à vous, enfants de Marie, que je fais l'hommage de cette simple notice.

Vous l'avez réclamée, et, devant mon incapacité, je n'ai cédé qu'au pieux et vif désir de vos cœurs.

Berthe, que vous pleurez !... et qui mérite nos légitimes regrets, vous aimait avec toute la tendresse d'une sœur. Pendant ses longs jours de souffrances, pour son cœur et sa piété, c'était un doux rafraîchissement d'entendre parler de vous et des réunions de la Congrégation. La veille de sa mort, elle vous nomma toutes, et vous vit dans sa pensée accompagner sa dépouille mortelle au champ du repos et de la prière.

*Le souvenir de ses vertus, de son aimable cordialité
est vivant parmi vous, sa mémoire y est en honneur !..
Enfants de Marie, marchez courageusement sur
les traces de cette sœur bien-aimée qui vous attend au
séjour du bonheur, et, lorsque la dernière heure son-
nera pour vous, la douce Reine du Ciel, votre bonne
Mère, viendra vous visiter sur votre couche douloureuse, et vous mourrez comme Berthe, en répétant :
« Je veux partir tout de suite pour le ciel ! Que je
» serai heureuse de voir le bon Dieu, ma bonne
» Mère, la sainte Vierge. Que le ciel est beau !!!*

Sainte-Ursule d'Angers, le 8 décembre 1868, fête de
l'Immaculée Conception de Marie.

Sœur SAINT-LOUIS DE GONZAGUE,

Religieuse Ursuline.

UNE ENFANT DE MARIE

> Bienheureux ceux qui ont
> le cœur pur, parce qu'ils
> verront Dieu.

I.

Il est des existences qui, moissonnées au printemps de la vie, exhalent un suave parfum, et, comme celui de la modeste fleur printanière, trahissent la retraite où croissaient ignorés le mérite et la vertu.

Cette fleur printanière, en qui se rencontrent si bien les charmes de l'humble violette et les beautés du lis, BERTHE-JULIE-CLÉMENTINE BOULAY naquit le 22 mai 1845, dans la petite ville de La Ferté-Bernard. Ses parents y avaient une position honorable et conservaient comme un trésor cette foi chrétienne, mâle et vigoureuse, bien rare de nos jours, qui sait mettre Dieu au-dessus des choses de la terre, et accomplir jusqu'à l'héroïsme les devoirs imposés par notre sainte Religion.

Les premières années de Berthe révélèrent un caractère ardent, bon et enjoué ; elle aimait à se mêler aux enfants pauvres, essayait de se rendre semblable à eux, pour cela quittait sa chaussure, se fâchait lorsqu'on la lui faisait remettre ou qu'on interrompait ses jeux, qui consistaient souvent à se faire l'apôtre de ses petites compagnes, en leur apprenant les éléments du catéchisme que sa pieuse mère lui avait appris à balbutier avec ses premières paroles.

II.

L'éducation et l'instruction chrétiennes sont deux bienfaits que les parents doivent à leurs enfants : ils ne manquèrent pas à Berthe.

Un concours de circonstances, ménagées par la bonne et sage providence de Dieu, obligèrent M. et Mme Boulay de venir se fixer à Angers, en 1854, avec les trois enfants qu'ils avaient reçus du Ciel, comme bénédiction de leur union chrétienne.

Berthe avait neuf ans, époque de la préparation au plus beau jour de la vie. Ses parents qui jusque-là l'avaient gardée près d'eux, confièrent son éducation aux Religieuses Ursulines, possédant, depuis 1816, un pensionnat à Angers; elle passa sept années dans cette maison qui, jusqu'à son dernier soupir, fut l'objet de ses plus chères affections.

Au Pensionnat, Berthe se montra élève soumise et

studieuse.... La première communion fit grandir en elle la foi vive et la sincère piété existant en germe dans son âme pure et candide, et qui durent charmer le céleste Epoux, quand, pour la première fois, il prit possession de son cœur.

L'étude de notre sainte religion eut toujours la préférence de Berthe. Ses réponses aux instructions religieuses du pensionnat annonçaient une rectitude de jugement peu commune, et en même temps une foi éclairée, source de son exquise délicatesse de conscience qu'effarouchait l'ombre seule du péché.

Dans la retraite qui précéda sa troisième communion, Berthe, en repassant sa vie entière, ne se trouva coupable d'aucune faute grave ; elle en conçut une extrême inquiétude, redoutant l'illusion. Mais elle trouva près du directeur de sa conscience lumière et consolation, et put jouir dans le secret de son âme du bonheur d'avoir conservé l'amitié de son Dieu.

L'aimable aménité et la franche gaieté de Berthe lui gagnèrent constamment le cœur de ses compagnes ; elles conservent encore le souvenir de son ingénieuse charité qui savait toujours concilier leurs petits différends, et qui, selon le conseil du bon S. François de Sales, trouvait une excellente raison pour justifier des actions en apparence inexcusables.

Les plus petites filles du pensionnat trouvaient en Berthe une mère, une amie ; elle se mêlait à leurs jeux avec une grâce, une naïveté qui révélaient sa tendre affection pour elles, et l'innocence de sa belle âme, aimant, selon le conseil du Sauveur, à se laisser approcher par les petits, et à se rendre enfant à leur exemple, afin de parvenir au royaume du Ciel.

Les années scolaires se terminaient pour Berthe par de brillants succès. Elle revenait près de ses bons parents chargée de lauriers qui attestaient qu'elle était élève studieuse. La couronne d'honneur parut entre ses mains; elle lui fut décernée à l'unanimité des voix par ses compagnes, qui reconnaissaient hautement son mérite, ses vertus, et justifièrent par là l'estime et la confiance dont ses maîtresses l'entourèrent.

III.

Berthe, rentrée dans sa famille, conserva ses habitudes de piété, puisées au pensionnat. Jeune fille modeste, rangée, elle inspira toujours le respect. Docile, prévenante à l'égard de ses parents, jamais elle ne leur causa le plus léger chagrin.

Sa grande délicatesse de conscience la fit entrer dans les troubles du scrupule; mais encore là, sa candeur et son obéissance la sauvèrent du piége que lui tendait l'ennemi du salut; elle conjura ce danger en se soumettant pleinement aux avis du directeur de sa conscience, dans lequel sa foi vive découvrit toujours le représentant du bon Dieu, devant lequel toute raison humaine doit obéir et se taire.

Une année s'était à peine écoulée pour Berthe sortie de pension, qu'une cruelle maladie la cloua sur un lit de souffrance ; le mal ne céda qu'à des remèdes violents qui la laissèrent dans un état de faiblesse et de langueur dont elle ne sortit plus ; mais rien ne put altérer son aimable gaîté qui lui aidait à cacher une partie de ses douleurs, pour ne pas assombrir le front de ses vertueux parents qui l'entouraient de toute leur tendre sollicitude.

Dans le mois de décembre 1864, le Révérend Père de Poulpiquet, de la Compagnie de Jésus, établissait chez les Ursulines d'Angers une congrégation de Marie. Berthe, toujours heureuse de revenir près des secondes Mères qui avaient dirigé sa jeunesse, s'empressa de s'enrôler avec sa sœur Alix sous l'étendard de la sainte Vierge. Elle fut élue première présidente de la nouvelle congrégation ; son humilité s'alarma de ce choix, toutefois elle céda au vœu de ses compagnes, exerça l'espace de deux ans les fonctions de sa charge avec cette dignité et cette simplicité qui attirent tous les cœurs, et savent faire chérir et respecter l'autorité.

IV.

L'heure du sacrifice sonna pour cette âme trop pure pour habiter plus longtemps cette terre de corruption. Le 15 août 1867, Berthe communia, pour la dernière fois, dans sa chapelle favorite de Sainte-Ursule, où tout lui rappelait de si doux souvenirs. Une dernière fois encore, le 19 août, elle put assister à la distribution des prix du pensionnat, fête si chère à son cœur. Le 22 août, commencèrent ces longs jours de souffrances qui la retinrent huit mois consécutifs dans sa chambre, et firent éclater sa vertu qui, mise au creuset de l'adversité, jeta un si vif éclat.

Ni ses cruelles douleurs, ni ses ennuis purent démentir un seul instant la sérénité de son âme ; elle accueillit toujours avec une grâce charmante les personnes qui la visitaient : son exquise politesse, l'intérêt qu'elle prenait à la conversation auraient fait oublier qu'elle souffrait, si l'altération de ses traits n'en eût pas été la preuve irrécusable.

Ne se dissimulant pas l'inquiétude que causait à ses parents la maladie qui résistait à tous les efforts de la science, elle mettait tout en œuvre pour leur faire espérer sa guérison. Jamais elle ne refusa un rémède : après s'être armée du signe sacré de la croix du Sauveur, elle acceptait le breuvage, la potion, l'aliment offert, en remerciant affectueusement et en se plaignant parfois de l'embarras qu'elle occasionnait par les soins assidus que nécessitait sa longue maladie.

Janvier 1868 amena pour son cœur une douloureuse mais douce épreuve : son unique et bien-aimé frère partait pour la Ville Eternelle afin de s'enrôler dans la légion romaine vouée à la défense du Saint-Siége ; Berthe puisa dans sa foi, dans son amour pour la Sainte Eglise, de chaleureuses paroles pour encourager l'héroïque détermination de son frère, qui, en s'éloignant de sa sœur chérie, comprit que, pour la dernière fois, il lui avait dit Adieu!...

Le mois de mars, fatal pour les affections de poitrine, s'annonça tristement pour notre chère malade; les symptômes du mal devinrent alarmants... La médecine déclara son impuissance pour en arrêter le progrès et conjurer le danger.

Berthe, toujours digne enfant de Marie, trouvait dans ses pratiques pieuses et journalières la force de souffrir.... Le Dieu d'amour qui, dans l'adorable Eucharistie, est toujours là pour adoucir les angoisses de l'exil, était venu plusieurs la visiter et lui apporter courage et consolation.

Le jour de la fête du glorieux saint Joseph, notre malade eut encore le bonheur de communier. Mais avant de s'approcher de son Dieu, une inquiétude s'empara de sa belle âme. — « Est-ce un péché, je désire vivre!... » murmura-t-elle tout bas à Sœur Saint-Stanislas, qui possédait sa confiance, et qui se trouvait près de son lit.

V.

Le samedi 21 mars, M. l'abbé Deschamps, aumônier des Ursulines et directeur de Berthe, reçut de la courageuse mère de la malade la mission de lui annoncer que son pèlerinage sur la terre serait achevé dans quelques jours.

A la vue du sacrifice, la faible nature réclama ses droits... D'abondantes larmes s'échappèrent des yeux ou plutôt du cœur de Berthe... Elle voulait vivre pour ses bien-aimés parents, pour sa chère Alix, qui n'aurait plus de sœur et dont elle était la seule compagne, la seule amie... Dieu n'était-il pas tout-puissant, ne pouvait-il pas la guérir?... Une heure se passa dans une lutte où se révélait la force des affections si légitimes de la famille, et surtout le mouvement d'un cœur délicat qui aurait voulu reconnaître à son tour par d'autres soins, un dévouement de jour et de nuit.

Notre pieuse malade, plongée dans cette terrible lutte, poussa vers le Ciel, vers Marie, des soupirs qui annonçaient la défaillance, mais aussi la vivacité de sa foi!... Le secours ne se fit pas attendre. Marie, forte comme une armée rangée en bataille, obtint pour son enfant privilégiée un rayon de la lumière céleste.... Berthe essuya ses larmes, un torrent de délices inondait son cœur...—« Je veux partir tout de suite pour le Ciel... Que je serai heureuse de voir le bon Dieu, ma bonne Mère la sainte Vierge... Que je serai heureuse de voir le bon Dieu... Que le Ciel est beau !

» Ma sœur, dit-elle à sa garde-malade, je veux recevoir demain matin l'extrême-onction, le catéchisme recommande de le recevoir avec sa connaissance ; ayez la bonté de faire les préparatifs de cette importante cérémonie. »

« Quand ma pauvre Berthe eut accepté son sacrifice, nous écrit son vertueux père, il se passa une scène touchante. Je l'inondai de mes larmes, et elle, me regardant avec calme, me dit : Mais ce n'est pas sur moi qu'il faut s'attrister, mon cher petit papa ; moi, je serai heureuse ! Elle dit cela... simplement et d'un accent pénétré.

» Ensuite elle demanda pardon à son papa, à sa maman, à sa sœur, avec la même tranquillité d'âme que lorsqu'elle partait pour faire ses communions. Eh ! pourquoi se serait-elle troublée ?... Sa foi était bien ferme. »

La nuit du samedi au dimanche s'écoula dans des colloques amoureux avec son Dieu, et dans la jubilation de mourir bientôt.

Pour satisfaire au pieux et ardent désir de son cœur, M. l'abbé Deschamps lui apporta, le dimanche matin, l'huile sacrée qui fortifie les mourants contre les dernières frayeurs. Berthe, revêtue des insignes de congréganiste, le sourire sur les lèvres, répondit elle-même aux prières de notre sainte liturgie, et reçut avec sa foi et sa piété ordinaires le sacrement qui nous aide à soutenir le suprême combat.

Ce même jour, une de ses tantes, religieuse au Sacré-Cœur, lui envoyait une relique de la R. Mère Barat, vénérable fondatrice de cet ordre, avec recommandation de commencer immédiatement une neuvaine pour obtenir sa guérison. Elle se conforma au désir de sa pieuse parente ; mais lorsqu'une main amie lui apporta un crucifix indulgencié pour la bonne mort, elle le reçut avec allégresse, et s'empressa de le montrer aux personnes qui vinrent la visiter ; puis elle dit à l'une d'elles : « Vous enviez ma place.... bientôt j'irai voir le bon Dieu. »

Des crises affreuses survinrent les deux jours suivants, et la mirent plusieurs fois aux portes du tombeau. Heureuse de voir ses souffrances augmenter, Berthe en bénissait Dieu et les lui offrait pour satisfaire à sa divine justice.

Mercredi 25 mars, fête de l'Annonciation de Marie, elle souhaita de participer encore au banquet céleste, afin, disait-elle, d'arriver au seuil de l'éternité empourprée du sang de Jésus-Christ, ce qui lui vaudrait un accueil favorable du Souverain Juge. M. l'abbé Deschamps satisfit à son pieux désir. En voyant entrer l'adorable Eucharistie, sa figure s'illumina d'une beauté nouvelle, une pudeur toute virginale s'y refléta et fit pressentir aux heureux témoins de cette touchante cérémonie que la paix du Ciel inondait son âme toute remplie de l'unique pensée de l'éternité bienheureuse.

Ce jour-là, le bon Maître lui ménagea une douce consolation : son frère, rendu à Rome depuis deux mois, ne donnait aucun signe de vie. Berthe partageait l'inquiétude de ses parents, elle pleurait son frère absent et peut-être malade.... Une lettre arriva à son adresse et calma ses vives inquiétudes.

Cette lettre, qui révèle le frère et la sœur, trouve naturellement sa place dans cette notice. L'auteur en pardonnera la publicité : elle est à la louange de la sœur chérie qu'il pleure amèrement, et qui de la patrie céleste étend sur lui son regard protecteur et fraternel.

Rome, le 20 mars 1868.

Ma chère petite Berthe,

« Aujourd'hui 20 mars, j'ai reçu une lettre de papa un peu avant de partir pour l'exercice ; j'ai donc été obligé d'attendre au soir pour y répondre. Il me dit que tu t'inquiètes de ne pas recevoir de mes nouvelles ; bonne petite Berthe, que je suis touché des marques de vive amitié que tu me donnes.

» Tu m'accuses de manquer à la parole que je t'avais donnée de te raconter tout ce que j'aurais vu ; pardonne-moi, ma chère sœur, mais j'attendais que quelque temps se fût écoulé, afin de trouver plus de choses à te dire, et pour te faire agréer mes excuses, c'est à toi, ma Berthe, que cette fois je veux écrire. Pour me disculper, j'oubliais de te dire que dimanche dernier j'ai mis à la poste une lettre que vous n'avez, sans doute, pas reçue ; mais j'ai été si touché de ton désir de recevoir de mes nouvelles, que je veux t'écrire aujourd'hui et te parler de choses qui plairont à ta piété.

» Je suis allé à confesse à Mgr Bastide, qui m'a embrassé avec tendresse. Dis à ma chère maman qu'elle ne se tourmente pas de mon argent, je l'ai mis en dépôt chez l'aumônier. Oh ! que je suis content de l'avoir fait !

» Venons aux églises de Rome.

» Tu ne te fais pas idée de la richesse des édifices consacrés à la religion, ce n'est partout que des colonnes de marbre, de porphyre, de bronze ; les murs sont ornés de tableaux des grands maîtres, de statues, de bas-reliefs, de fresques ; enfin, c'est quelque chose d'éblouissant ! C'est faire hommage au Maître du Ciel et de la terre des richesses qu'il nous a données ! Ce qui te plairait surtout ici, ma bonne petite Berthe, c'est le grand nombre d'images de la sainte Vierge qui ornent les murs des maisons, des porches ; il n'y a pas une seule boutique, pas un seul cabaret qui n'ait sa Madone devant laquelle brûlent des flambeaux.

» Oh ! que je comprends bien cette dévotion envers Marie, la consolatrice des affligés, le refuge des pécheurs. Je n'oublie jamais de la prier, afin qu'elle te rende la santé. Je vais aussi à Saint-Pierre le plus souvent que je peux, et sur le tombeau du saint apôtre, où brûlent continuellement cent lampes, je prie pour ton rétablissement. Ne m'oublie pas non plus, ma bonne petite sœur, toi qui es si pieuse ; prie bien pour moi, mais tranquillise-toi sur mon sort : je suis réellement content d'être ici, ma santé est parfaite. Ma lettre de dimanche dernier te dira ma rencontre avec le sublime Audouin : en voilà un chrétien. Que la vie est peu de chose pour lui, et avec quelle joie il la donnerait pour la Religion. Il y a beaucoup de zouaves de cette trempe-là, c'est-à-dire des jeunes gens qui sont vraiment des saints et qui s'offrent en victimes d'expiation au Dieu tout-puissant. Ils sont venus ici faibles de corps, et ils ont à supporter une vie beaucoup trop rude pour eux ; ces fatigues leur occasionnent des fièvres et d'autres maladies : les voilà morts loin de leurs parents et de leur pays.

» Tout ce que je t'ai dit là, ce n'est pas pour t'attendrir sur mon sort, car je me porte comme un charme ; et si je n'étais pas affligé par la pensée de te savoir toujours souffrante, je me trouverais très-heureux. Dieu veut t'éprouver par la souffrance, par de longues maladies : je suis sûr qu'il ne sort de ta bouche que des paroles de résignation à sa sainte volonté. Tu combats sur un lit de douleur pour mériter un jour le Ciel que te vaudront ta foi, ta piété, comme combattent ici les zouaves du Pape.

» Prie pour moi, ma Berthe, prie pour que je sois un digne soldat de Notre Saint-Père, et que Dieu me protége contre le péché.

» Je t'embrasse, ma petite Berthe, je t'embrasse de toutes mes forces ; embrasse bien papa et maman, ainsi qu'Alix, pour moi. Oh ! quand pourrai-je te serrer encore dans mes bras. Je t'en prie, ne t'inquiète pas de moi, je suis content d'être ici, je me porte très-bien. Je t'embrasse encore une fois.

» Ton frère qui t'aime toujours bien tendrement et bien vivement.

» LOUIS. »

VI.

Berthe, joyeuse de savoir son frère heureux et en bonne santé, reprit ses brûlantes aspirations vers un monde meilleur ; elle ne se douta nullement qu'il avait été informé par ses parents de son état désespéré, et qu'il était plongé dans une douloureuse anxiété.

Jeudi 26, la trouva encore sur cette terre, l'enflure avait gagné tout son corps, à l'exception du bras droit, et lui occasionnait une immobilité cruelle ; Berthe toutefois conservait sa gaieté et se réjouissait de pouvoir encore tracer sur elle le signe sacré de notre rédemption, ce qu'elle faisait à chaque instant.

Vers dix heures, s'adressant à la religieuse qui était venue s'asseoir près de son lit : — « Madame, je m'essaie…. » — Ah ! oui, ma chère Berthe, vous voudriez dormir, et vous n'y pouvez réussir. — « Ce n'est pas cela, je m'essaie à mourir. » Puis, penchant la tête, fermant les yeux et joignant les mains : « Est-ce ainsi que je ferai en rendant le dernier soupir ? »

Touchante naïveté qui n'appartient qu'à un cœur pur comme le sien.

La nuit du jeudi au vendredi amena des suffocations continuelles. Berthe parut toucher à ses derniers moments. Ses vertueux parents, agenouillés près du lit de leur fille bien-aimée, lui récitèrent les prières de l'agonie, tandis que sa sœur chérie, dans une chambre voisine, poussée par une inspiration dont elle ne se rendait pas compte, invoquait le Sang précieux du Sauveur, pour fortifier celle qu'elle aimait si tendrement.

Notre chère malade renouvela ses adieux à ses parents, les supplia de la bénir et de lui pardonner les déplaisirs qu'elle croyait leur avoir causés ; puis cherchant à sécher leurs larmes à la vue du bonheur qui l'attendait au Ciel, elle les conjura d'aller prendre du repos.

Un instant ses souffrances devinrent intolérables, et notre malade de s'écrier : Mon Dieu, que votre volonté soit faite, *quelque dure qu'elle me paraisse.* Ces derniers mots alarmèrent bientôt sa conscience si délicate et sa piété si tendre. — « Je ne voulais pas me servir de cette expression, en parlant de l'adorable volonté du divin Maître, elle n'est jamais dure ; ma mémoire m'a fait défaut pour trouver un autre terme, j'espère que le bon Dieu n'en a pas été offensé. »

Vers sept heures du matin, Berthe demanda près d'elle la religieuse qui possédait sa confiance. Dès qu'elle l'aperçut, elle lui présenta son bras, la priant de lui faire connaître l'état de son pouls, et si enfin ce jour était le dernier qu'elle passerait ici-bas.

Midi lui fut indiqué comme l'heure presque certaine de sa délivrance. Elle fit éclater ses transports de joie : « Quel bonheur, je n'ai plus que cinq heures à vivre ! Ayez la bonté de me faire encore les prières de la recommandation de l'âme. »

A dix heures, elle supplia ses parents d'aller déjeûner. Restée avec sœur Saint-Stanislas, elle lui recommanda son Alix dont l'âme était étroitement unie à la sienne, régla les cérémonies de sa sépulture, et fit part des derniers scrupules de sa conscience timorée et candide.

En revoyant ses bons parents, elle les remercia affectueusement de leurs soins paternels, les consola encore et continua de prier en attendant l'heure suprême, en union avec son père, sa mère et sa sœur, qui ne la quittèrent plus.

A onze heures trois quarts, son confesseur, ne la sachant pas si mal, par une inspiration soudaine, vint lui offrir une dernière absolution. Berthe la reçut avec reconnaissance, souleva sa main défaillante pour tracer sur elle le signe de la croix ; son bras retomba inerte, et elle dit : « Ah ! j'ai encore eu la force... » Ce signe adorable avait été son arme constante contre la douleur et l'amertume des remèdes. . Quelques minutes après, la mourante, sentant sa vue s'affaiblir, réclama une petite lumière...

A midi, au son de l'*Angelus*, de cette douce prière à Marie, son âme pure se détacha sans effort, sans agonie, des liens de son corps mortel, à l'âge de 23 ans, et se présentait aux regards du Souverain Juge avec la blanche robe de son baptême, car Berthe, ainsi que l'attestent ses directeurs, l'avait conservée intacte.

Ce jour-là, la sainte Eglise fêtait le précieux Sang de son céleste Epoux : Berthe était associée à l'Apostolat de la prière... Le vendredi n'est-il pas le jour par excellence des miséricordes du Sacré-Cœur! Berthe était sa conquête... Aussi dans ce jour précieux, elle aura entendu cette douce parole : Bienheureux les cœurs purs, parce qu'ils verront Dieu.

La mort n'altéra pas ses traits : ils conservèrent leur distinction et leur douceur. Vêtue de blanc, ornée des insignes de l'enfant de Marie, le crucifix de la bonne mort entre les mains, Berthe sur son lit funèbre était belle à voir, et on se sentait irrésistiblement porté à invoquer son crédit auprès de Dieu.

Le dimanche matin fut fixé pour ses obsèques. Au moment de la déposer dans le cercueil, son corps, excessivement pesant lors de son décès, tout en conservant son enflure prodigieuse, était devenu très-léger, et deux religieuses purent seules lui rendre les derniers devoirs, et sauvegarder ainsi jusqu'à la fin la modestie de la chère défunte qui, vivante, s'alarmait à la pensée seule de porter atteinte à cette délicate et angélique vertu.

En voulant fermer la bière, on trouva dans ses mains jointes d'une manière trop élevée un obstacle invincible, on voulut forcer les mains, mais l'une des religieuses s'approchant du cercueil et confiante dans l'obéissance de la défunte, lui dit : « Ma petite Berthe, baissez vos mains. » Aussitôt les mains s'abaissèrent à la grande édification des personnes présentes.

Son convoi funèbre fut une marche triomphale : quarante jeunes filles vêtues de blanc, et comme elle enfants de Marie, la conduisirent à sa dernière demeure ; toutes de concert célébraient les louanges de l'amie ravie à leur tendresse et qui jamais ne leur avait causé le moindre déplaisir. Son cœur chrétien et charitable, ainsi que nous l'avons dit, n'aurait pu admettre une parole blessante pour le prochain.

A quelques mois de là, un vieillard sexagénaire revenait aux pratiques de notre sainte religion : c'était un parent de Berthe. Il vivait depuis longues années sans aucun souci de son éternité. Cet état funeste avait inspiré une vive inquiétude à notre pieuse défunte. « Quel malheur, disait-elle, si ce bon vieillard mourait sans sacrements. Arrivée au ciel, je prierai pour lui. »

Berthe continue donc dans la céleste patrie de prier pour sa famille qu'elle a tant aimée sur cette terre d'exil ; elle prie aussi pour la communauté religieuse qui abrita sa jeunesse, et où son cœur se retrouvait toujours avec amour et reconnaissance. Enfin les enfants de Marie sont encore ses compagnes bien-aimées, et sa puissante intercession près de Jésus et de Marie, la Vierge immaculée, leur est acquise par un droit tout spécial.

Angers, imp. E. Barassé. 1127-71.